EXPLORA LA NATURALEZA™

EXPLORA LA NATURALEZA™

El árbol del olivo

POR DENTRO Y POR FUERA

Texto: Andrew Hipp
Ilustraciones: Fiammetta Dogi
Traducción al español: Tomás González

The Rosen Publishing Group's
Editorial Buenas Letras™
New York

Published in 2004 in North America
by The Rosen Publishing Group, Inc.
29 East 21st Street, New York, NY 10010

Copyright © 2004
by Andrea Dué s.r.l., Florence, Italy, and
Rosen Book Works, Inc., New York, USA

First Edition

Book Design:
Andrea Dué s.r.l., Florence, Italy

Illustrations:
Fiammetta Dogi and Studio Stalio
Map by Alessandro Bartolozzi

Scientific advice for botanical illustrations:
Riccardo Maria Baldini

Spanish Edition Editor: Mauricio Velázquez de León

Cataloging Data
Hipp, Andrew.
[Olive trees, inside and out. Spanish]
El árbol del olivo: Por dentro y por fuera / Andrew Hipp;
traducción al español Tomás González — 1st ed.
   p. cm. — (Explora la naturaleza)
Includes bibliographical references and index.
ISBN 978-1-4358-8633-9
1. Olive Trees—Juvenile literature. [1. Olive Trees. 2. Spanish
language materials.] I. Title. II. Getting into Nature. Spanish.

Manufactured in Italy by Eurolitho S.p.A., Milan

Contenido

El árbol de olivo

Los olivos crecen lentamente y viven mucho tiempo, pero en general no alcanzan más de cuarenta pies (Doce metros) de alto. Hoy en día hay olivos que ya estaban vivos en la época de Jesucristo. Con frecuencia los olivos viven cientos de años. Sobreviven las **sequías** y a menudo crecen en suelos rocosos y secos. Su madera es fuerte, no se pudre fácilmente y resiste las enfermedades.

Los olivos son importantes. Suministran a la gente alimento, aceite para lámparas y productos para mantener la piel saludable. Los pájaros y otros animales se comen las aceitunas y esparcen las semillas.

Si vives en una región que disfruta de clima mediterráneo, es decir, seco, cálido y soleado durante el verano, con lluvias más que todo en el invierno, es muy probable que en ella crezcan olivos.

Olivo
(Olea europaea)

Cómo viajaron los olivos por el mundo

Los primeros seres humanos que probaron las aceitunas vivieron en la región del mar Mediterráneo y en el Oriente Próximo hace más de 10 mil años.

Inicialmente las aceitunas sólo crecían en un arbusto llamado "oleastro". Las aceitunas se volvieron útiles porque de ellas se podía obtener aceite, o podían usarse como alimento. Hace seis mil años la gente cultivaba olivos cerca de Grecia y Turquía. Hace dos mil años viajeros griegos empezaron a traer aceitunas a Italia, Francia, España y Túnez. Entre los años 1500 y 1800 d.C., **misioneros** españoles plantaron olivos en Cuba, México y California. En todo el mundo hay en la actualidad alrededor de 800 millones de árboles de olivo.

Arriba: Obra de arte romana en la que aparecen recolectores de aceitunas, también llamadas olivas.

FRANCIA

PORTUGAL

ESPAÑA

ITALIA

Mar

GRECIA

TURQUÍA

ÁFRICA DEL NORTE

Mediterráneo

ISRAEL

SITIOS DONDE SE CULTIVABAN OLIVOS EN LA ANTIGÜEDAD

Página opuesta, izquierda: Ánfora antigua utilizada para almacenar aceite y vino.

Derecha: Olivo toscano de unos 3,000 años.

Abajo: Grabado romano en piedra que representa una prensa de aceitunas.

La vida en lugares secos

Los olivos sobreviven a sequías que matarían a la mayoría de los árboles frutales. Las raíces de los olivos no se marchitan ni debilitan durante las temporadas secas. Eso permite que las raíces se mantengan unidas a porciones de suelo que están cubiertas con capas delgadas de agua. Los árboles dejan salir agua almacenada para enfriarse, tal y como los seres humanos sudamos para refrescarnos en días calurosos. Las hojas de los olivos están cubiertas de escamas que evitan que la planta se seque por completo. Además, para buscar continuamente agua bajo la tierra, sus raíces siguen creciendo durante las épocas secas.

Derecha: Las raíces de los olivos forman brotes que reemplazan a los troncos que se congelan o son cortados. La raíz de un olivo podría tener cientos de años y su tronco ser todavía muy joven.

Arriba:
Aún hoy, la
mayoría de los olivos
se cultivan en las regiones
del Mediterráneo y en el Oriente
Próximo. España, Italia y Grecia,
que son países mediterráneos,
producen 80% del aceite de oliva
del mundo. Las aceitunas que
aparecen arriba a la derecha son
jóvenes y verdes. Las de arriba
a la izquierda comenzaron ya a
madurar y a tomar color oscuro.

Derecha: Olivo de Liguria, Italia.

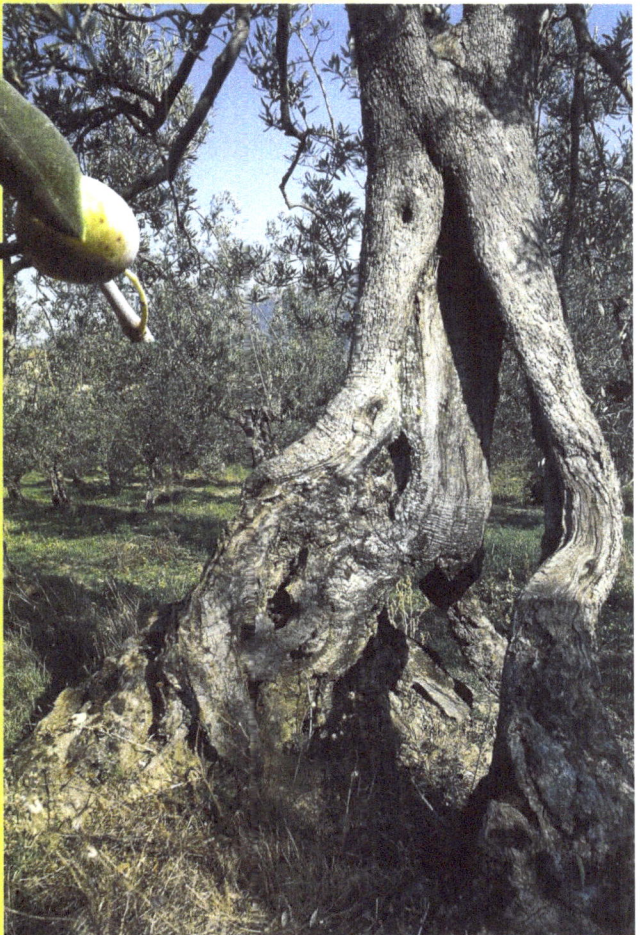

El cultivo de los olivos

Los cultivadores de olivos les cortan ramas fuertes y jóvenes a los árboles y entierran los extremos en la tierra húmeda. En unos meses, las ramas comienzan a formar raíces. De ahí, las ramas son **transplantadas** a huertos, u olivares, donde crecen hasta convertirse en árboles. Después de varios años, los olivos comienzan a dar frutos. Algunas variedades de olivos no se reproducen a partir de ramas sino que son **injertadas** en los troncos o bases gruesas de variedades que nacen fácilmente de semillas. Muchos olivos se cultivan a partir de semillas sólo para que en sus troncos sean injertadas variedades de más difícil reproducción.

Olivo marroquí típico.

Derecha: Los olivos deben podarse cada cierto tiempo. Eso ayuda a controlar la cantidad de aceitunas que producen y sirve para darles forma a los árboles y facilitar la recolección. A la derecha aparecen herramientas de poda y un huerto podado recientemente. Esto hace posible producir las aceitunas que aparecen aquí.

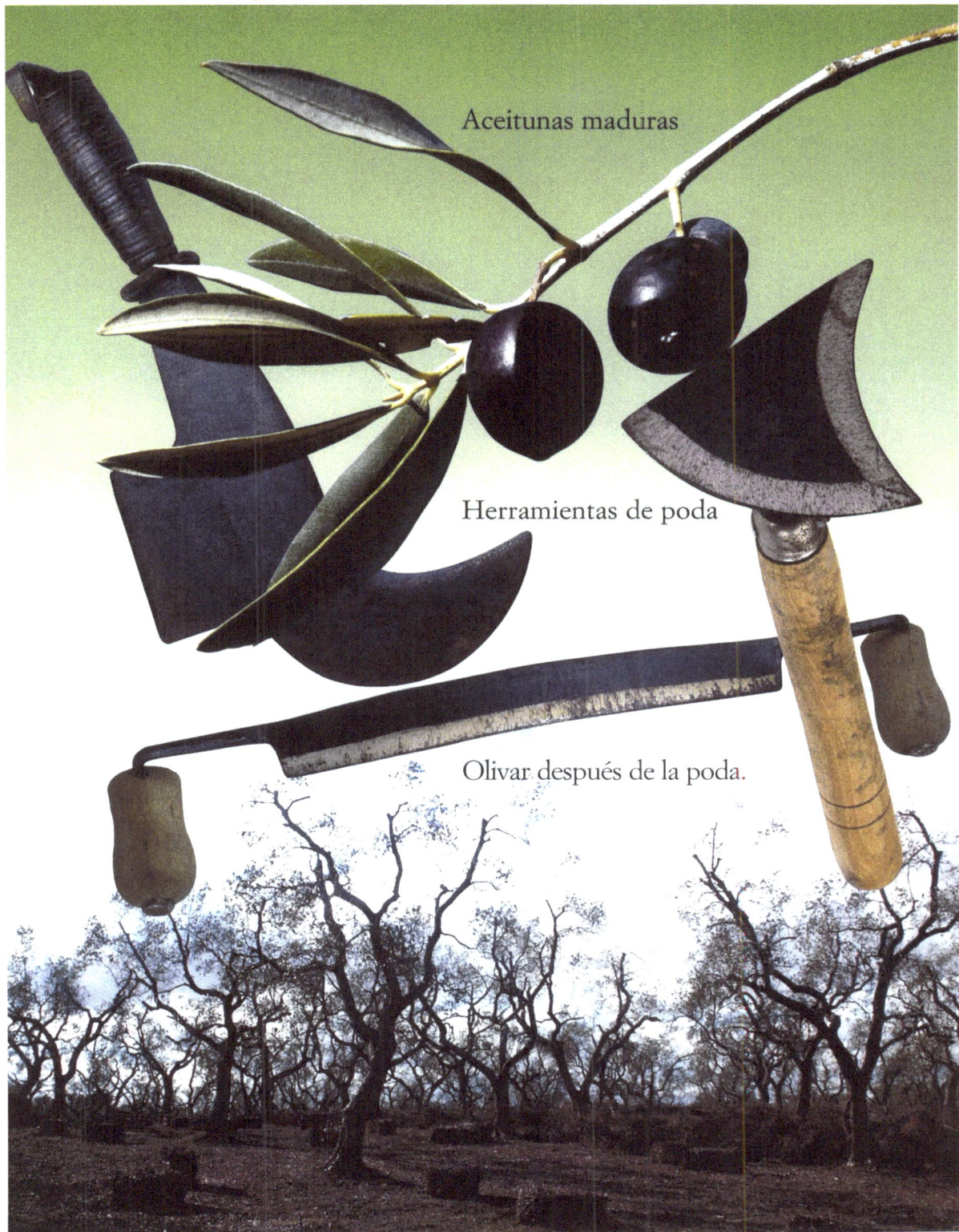

Aceitunas maduras

Herramientas de poda

Olivar después de la poda.

Las aceitunas son frutas

Leccino

Las aceitunas pertenecen a un tipo especial de frutas llamadas **drupas**. La parte blanda de las drupas se llama "carne". La carne es verde cuando la fruta está joven y oscura o negra, al pasar el tiempo. Todas las drupas contienen un hueso duro, que a su vez contiene una semilla. En el interior de la semilla hay un **embrión** que al crecer se convertirá en una planta igual a aquella que lo creó. Un solo olivo produce hasta 500,000 aceitunas.

Las aceitunas que aparecen en estas páginas provienen de distintas variedades de olivos italianos.

Abajo, izquierda; y página opuesta: Estudios de principios del siglo XVIII sobre las aceitunas de Toscana.

Pendolino

Frantoiano

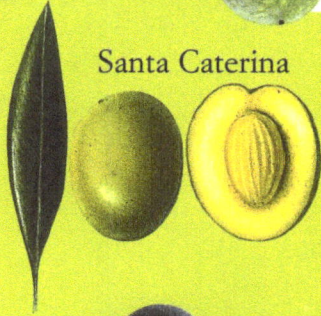

Santa Caterina

Ascolana

Moraiolo

Uovo di piccione

Las aceitunas provienen de flores completas

Los olivos producen pequeñas flores blancas de cuatro pétalos. Cada olivo tiene flores macho y **flores completas**.

Las flores macho producen **polen**, que el viento o las abejas llevan hasta las flores completas. También las flores completas fabrican polen, pero, a diferencia de las macho, poseen **estigmas**. Los estigmas atrapan el polen y lo llevan al **ovario** donde se **fertiliza** el **óvulo**. Después de ser fertilizado, el óvulo se convierte en semilla de una aceituna. La pared del ovario se convierte en la carne de la aceituna y en la pared dura externa del hueso.

Las flores de estas páginas son de árboles y arbustos de la familia *oleaceae*, a la que pertenecen los olivos.

Forsitia
(*Forsythia x intermedia*)

14

Arriba: Las tres etapas del crecimiento de la flor del olivo.

Arriba: Dibujos que muestran el crecimiento gradual de las flores de un olivo Barnea.

Aligustre
(Ligustrum vulgare)

La mayoría de los olivos producirán mayor cantidad de aceitunas si sus flores son fertilizadas por el polen de otro tipo de olivo. Por esa razón los cultivadores de olivos plantan con frecuencia diferentes clases de olivo en la misma huerta.

Lila *(Syringa vulgaris)*

15

La cosecha de las aceitunas

Las aceitunas se **cosechan** en diferentes épocas del año, dependiendo del gusto de los granjeros y del uso que se les vaya a dar. Las aceitunas cosechadas temprano en el año son verdes, amargas, y su sabor y el del aceite le gusta a mucha gente. Las que se cosechan más tarde en el año son oscuras, tienen mayor contenido de aceite y son menos amargas. Estas aceitunas podrían ser dañadas por las heladas o los insectos.

Hoy en día, muchos olivos son cosechados con máquinas que sacuden los árboles para que las aceitunas caigan en redes que se extienden en el terreno, debajo de los árboles.

Página opuesta: Debajo de los árboles se extienden redes para recoger las aceitunas que caen después de sacudir las ramas. Las aceitunas también se pueden cosechar "peinando" las ramas *(recuadro)*.

Abajo: Dibujo del siglo XIV. Un hombre y una mujer cosechan las aceitunas de un árbol.

Mucha gente aún cosecha los olivos a la manera antigua: golpeando las ramas con palos largos o recolectándolas del árbol a mano. Así se cosecharon las aceitunas durante miles de años, antes de que se inventaran las máquinas cosechadoras eléctricas o de gas.

Curación de las aceitunas

La carne de las aceitunas recién recolectadas contiene una **sustancia química** que le da un sabor amargo. Por eso deben ser curadas antes de comerse. Se las cura sumergiéndolas en agua durante muchas semanas, a fin de eliminar el sabor amargo. Muchos utilizan agua salada, a veces con ajo u otras especias. Otros emplean agua dulce. Una sustancia química llamada **lejía** se utilizapara quitarles el sabor amargo a las aceitunas verdes. Las "aceitunas negras" de lata son en realidad aceitunas verdes ennegrecidas con una mezcla de lejía y aire.

Abajo, izquierda: Aceitunas, aceite de oliva y pan: un bocadillo típico del Mediterráneo.

Abajo: Cántaros de arcilla tradicionales se utilizan todavía para almacenar las aceitunas.

Es probable que por su sabor amargo, las aceitunas hayan sido utilizadas primero para extraerles el aceite, y no para comer. El aceite de oliva se usaba para lámparas y para mantener la piel saludable, no para cocinar. Más tarde las aceitunas y su aceite se convirtieron en productos muy importantes de la dieta del Mediterráneo.

El aceite de oliva

El aceite de oliva se produce prensando aceitunas con una rueda gigante de piedra o metal. Las aceitunas prensadas se extienden en esteras y entonces, o bien se las deja que vayan soltando solas las gotas de aceite, o se las aplasta bajo un enorme peso. A veces se les echa agua caliente a las aceitunas prensadas. Al aceite se le permite reposar por varios días, hasta que flota en la superficie, donde es recogido con una cuchara. El agua y trozos de oliva se quedan en el fondo del recipiente. Hoy en día se emplean máquinas que hacen girar la mezcla de agua y aceite a grandes velocidades. Muchos opinan, sin embargo, que cuando se lo obtiene de esa forma, el aceite no tiene tan buen sabor.

Página opuesta: Prensa antigua para extraer aceite semejante a la que aparece rotulada más abajo.

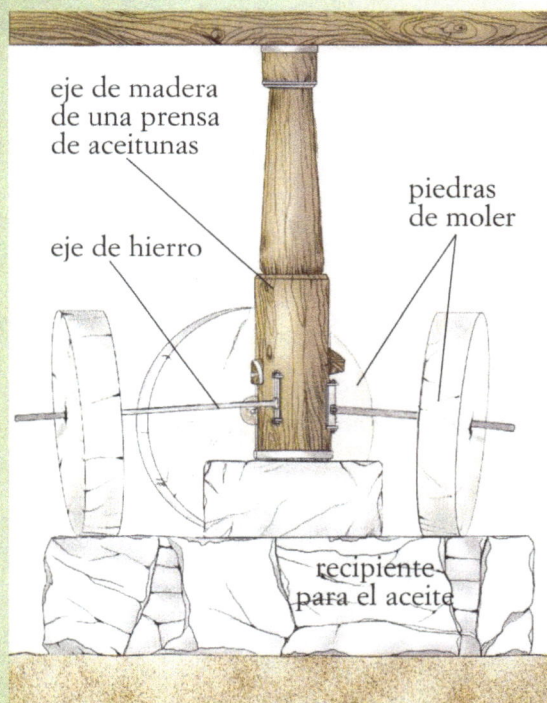

eje de madera de una prensa de aceitunas

piedras de moler

eje de hierro

recipiente para el aceite

Plagas de los olivos

Mosca del olivo
(*Bactrocera oleae*)

Una de las peores plagas de los olivos es la mosca del olivo. La mosca hembra deposita los huevos en la carne de la aceituna mediante un **ovipositor**, que es un **órgano** en forma de tubo situado en el extremo posterior de su cuerpo. El caparazón del huevo se rompe dos o tres días después y de él sale un **gusano**. El gusano se alimenta de la carne de la aceituna durante tres semanas y deja túneles en ella. Cuando ha comido lo suficiente, el gusano se convierte en **crisálida**, luego en mosca adulta y deja la fruta. Y si bien al principio los túneles de las moscas no dañan la aceituna, con frecuencia hacen que empiece a podrirse.

Mirlo
(Turdus merula)

Zorzal
(Turdus philomelos)

Arrendajo
(Garrulus glandarius)

Los pájaros que se alimentan
de aceitunas, como los que
aparecen en la ilustración, también
ayudan a diseminar las semillas
del olivo. Los pájaros llegan a los
huertos, se comen las frutas
y luego las expulsan en sus
excrementos debajo de otros
árboles. A veces transportan
las semillas a grandes distancias.

Otros animales, como los zorros,
se comen las aceitunas enteras y las
expulsan luego en los excrementos.

Atenea nos dio el olivo

Una antigua leyenda griega cuenta que Poseidón, dios del mar, dio a los hombres el primer caballo, y que Atenea, diosa de la sabiduría, les dio el primer olivo. Gracias a este regalo, Atenea se convirtió en diosa de Atenas. En el mundo antiguo occidental no había árbol más importante que el olivo.

Los antiguos griegos utilizaron el aceite de oliva para encender las lámparas y aceitarse la piel. Al morir, los reyes egipcios eran enterrados con obras de arte en las que se representaban las aceitunas. Las puertas del templo del rey Salomón estaban hechas de madera de olivo. El aceite de oliva era un artículo de comercio en todo el mundo antiguo. Todavía hoy la rama de olivo es símbolo de paz.

Derecha: En una cara de esta moneda estadounidense aparece un águila llevando un ramo de olivo en las garras. El águila simboliza la fortaleza de la nación, mientras que el ramo de olivo simboliza su deseo de paz.

Los olivos desde hace mucho tiempo han sido tema favorito de los artistas. A la izquierda aparece una pintura de Ambrogio Lorenzetti en la que un ramo de olivo representa la paz. Arriba aparece el que es hoy símbolo de paz en todo el mundo: la paloma llevando un ramo de olivo, obra de Pablo Picasso.

Página opuesta: Vaso de la antigua Grecia pintado con el tema de la cosecha de aceitunas.

25

Glosario

cosecha (la) Recolección de los productos de las plantas.

crisálida (la) Segunda etapa del crecimiento de los insectos.

drupa (la) Fruta carnosa que contiene un hueso duro.

embrión (el) Animal o planta antes de que nazca, cuando todavía se encuentra en el huevo, en el vientre o en la semilla.

estigmas (los) Partes de las flores hembra que reciben el polen.

fertilizar Suministrar a un óvulo el polen necesario para producir una nueva planta.

flores completas (las) Flores que tienen partes femeninas y partes masculinas y pueden producir polen, así como semillas y frutos.

gusano (el) Larva o primera forma del crecimiento de una mosca.

injertar Unir la rama de un árbol al tronco de otro.

lejía (la) Sustancia tóxica que se emplea para hacer jabón y curar ciertos alimentos.

misioneros (los) Personas que dejan sus países para enseñar sus creencias religiosas a personas de otros países.

órganos (los) Grupo de células o parte del cuerpo que desempeña una función específica en el organismo.

ovarios (los) Parte femenina de una flor que crece hasta convertirse en fruto.

ovipositor (el) Órgano que usan los insectos para depositar los huevos.

óvulo (el) Parte del interior del ovario de una planta, que crece hasta convertirse en semilla.

polen (el) Partículas minúsculas que contienen una parte del material que la planta necesita para producir semillas.

sequías (las) Épocas secas, cuando no llueve o llueve muy poco.

sustancia química (la) Uno de los elementos básicos de la materia.

transplantar Arrancar una planta con la raíz y sembrarla en otro lugar.

Índice

Sitios Web

Debido a las constantes modificaciones en los sitios de Internet, Editorial Buenas Letras ha desarrollado un listado de sitios Web relacionados con el tema de este libro. Este sitio se actualiza con regularidad. Por favor, usa este enlace para acceder a la lista:

www.buenasletraslinks/nat/olivo

Acerca del autor

Andrew Hipp trabaja como naturalista en Madison,
Wisconsin, desde 1993. Actualmente está terminando
la tesis para su doctorado de botánica en la Universidad
de Wisconsin. Andrew y su esposa, Rachel Davis, trabajan
juntos en una guía ilustrada de las juncias comunes de
Wisconsin y esperan el nacimiento de su primer hijo.

Reconocimientos: En este libro se toma información de las
investigaciones y escritos de B. Avidan, L. Ferguson, M. Rosenblum,
J.M. Taylor, C. Vitagliano, C. Voyiatzi, C. Xiloyannis y sus fuentes
y colaboradores. El autor agradece al Dr. Ferguson la revisión de
un borrador del presente libro.

Créditos fotográficos